BEI GRIN MACHT SICH IHR
WISSEN BEZAHLT

AF135880

- Wir veröffentlichen Ihre Hausarbeit,
  Bachelor- und Masterarbeit

- Ihr eigenes eBook und Buch -
  weltweit in allen wichtigen Shops

- Verdienen Sie an jedem Verkauf

Jetzt bei www.GRIN.com hochladen
und kostenlos publizieren

Kreditkartenbetrug. Einbruch in Kreditkarten-Server

Gerald Oswald

Bibliografische Information der Deutschen Nationalbibliothek:

Die Deutsche Nationalbibliothek verzeichnet diese Publikation in der Deutschen Nationalbibliografie; detaillierte bibliografische Daten sind im Internet über http://dnb.d-nb.de abrufbar.

ISBN: 9783346358462
Dieses Buch ist auch als E-Book erhältlich.

© GRIN Publishing GmbH
Nymphenburger Straße 86
80636 München

Druck und Bindung: Books on Demand GmbH, Norderstedt Germany
Gedruckt auf säurefreiem Papier aus verantwortungsvollen Quellen

Das Buch bei GRIN: https://www.grin.com/document/993562

Seminararbeit

Business und Internet – Anwendungen SE

Wintersemester 2015/16

KREDIDKARTENBETRUG – Einbruch in Kreditkarten-Server

Institut für Datenverarbeitung in den Sozial- und
Wirtschaftswissenschaften der Johannes Kepler Universität Linz

eingereicht von:
Gerald Oswald
Johannes Kepler Universität Linz

Abgabetermin: 17.12.2015

Inhaltsverzeichnis

Abbildungsverzeichnis

Abkürzungsverzeichnis

d.h. .... das heißt

lt. .... laut

S. .... Seite

vgl. .... vergleiche

z.B. .... zum Beispiel

1 Einleitung

Wer einen Blick in die Abgründe der digitalen Welt wirft, kommt schnell zu der Erkenntnis, dass die Zukunft des Internets nicht nur Freiheit und Informationen bietet, sondern die Übertragung von Betrug, Diebstahl und Täuschung ermöglicht, aber eben auch neue Formen der Kriminalität schafft. Mittlerweile, so schätzen Sicherheitsexperten, beläuft sich der Umsatz der Organisierten Kriminalität im WWW auf einen höheren Betrag, als der des weltweiten Rauschgifthandels.

Drei kriminelle Internet-Konzerne beherrschen den globalen Markt. Neben einem kolumbianischen und einem rumänischen besteht vor allem ein in Tallin sitzendes organisiertes Kriminalität-Zentrum, dessen Angehörige zu einem Großteil ehemalige Mitarbeiter sowjetischer Geheimdienste sind.

Die IuK-Kriminalität macht derzeit besonders beim weltweiten Handel mit Kreditkartendaten von sich Reden.

Laut Interpol wurden auf hierfür eingerichteten Verkaufsplattformen im Internet im Jahr 2009 162 Millionen Datensätze für Kreditkarten angeboten bzw. gehandelt. Sie enthalten nicht nur die Nummern und den Namen, sondern auch den dreistelligen Sicherheitscode. An diese Daten kommen die Kartelle[1] durch Einbruch in die Rechner von Banken, Fluggesellschaften und Hotel-reservierungssystemen. Das Ausmaß der Schäden ist derzeit nur den betroffenen Banken bekannt. Internationale wie nationale Polizeidienststellen verfügen nicht über die tatsächlichen Schadensumfänge. Nach Schätzungen von Finanzexperten soll es sich in Deutschland um ein halbe Milliarde Euro handeln.

Das Internet mit seinen zahlreichen, um nicht sogar zu sagen seinen schier unendlichen Möglichkeiten, ermöglicht heutzutage die Bildung einer eigenen kriminellen Welt (genaueres zu „der eigenen kriminellen Welt unter Kapitel 4 Kreditkartenbetrug Allgemein").

Warum gibt es so wenig Ermittlungsverfahren z.B. in Deutschland? Bei einem einfachen Phishing-Fall können fünf Strafanzeigen gestellt werden, das bedeutet, dass gegebenenfalls fünf lokale Dienststellen ermitteln. Das komplexe Tätervorgehen führt dazu, dass Staatsanwaltschaften solche Fälle ungern an sich ziehen, denn mit mehreren ermittelnden Dienststellen gleichzeitig wird der Fall

---

[1] Organisierte IuK-Kriminalität. Kriminelle, welche zunehmend international arbeiten.

umfangreich. Das Bundeskriminalamt hat deswegen in einem Musterverfahren kürzlich eine Staatsanwaltschaft gefunden und das Sammelverfahren, durchgeführt durch das Bundeskriminalamt, exemplarisch zu Gericht gebracht (ein Urteil wird allerdings erst Mitte des nächsten Jahres erwartet). Doch das ist eben nicht der Regelfall.

Der Umfang, die Komplexität und die Beteiligung zahlreicher Dienststellen hindern im Moment in Deutschland (aber auch in Österreich) eine breit angelegte strafrechtliche Verfolgung und juristische Ahndung.[2]

Die vorliegende Seminararbeit wird folgende Themen behandeln:
- Arten des Kreditkartenbetruges
  - Erläuterung der wichtigsten Arten
- Hacken eines Kreditkarten-Servers
  - Erläuterung, wie Kreditkarten-Server gehackt werden
  - Erläuterung strafrechtlicher Aspekte
- Fallbeispiele: Einbruch in Kreditkarten-Server
  - Erläuterung eines abgeschlossenen Falles
  - Erläuterung eigenes Fallbeispiel

2 Arten des Kreditkartenbetruges

2.1 Nummernklau

Eine besondere Art von Kreditkartenlesegerät gibt es auch in „handlicher" Form, d.h. dass verbrecherische Banden[3] kleine Handlesegeräte verwenden (natürlich unbemerkt) um die Nummern einer Kreditkarte zu scannen und danach werden die Nummern an „Dritte Personen" weitergegeben bzw. verkauft.

Eine weitere Methode für Kreditkartenbetrüger an Kreditkartennummern (natürlich aber auch Nummern einer Bankomatkarte) zu kommen ist das

---

[2] vgl. Behörden Spiegel (2010)
[3] Diese Banden sind zwar sehr gut organisiert, aber nicht so „international" vernetzt wie die Kartelle.

sogenannte Skimming[4]. Der Benutzer eines Bankomates wird bei seiner Geheimzahleingabe über eine verbaute Minikamera, die neuerdings auch im Sichtschutz des Eingabebereiches versteckt ist, gefilmt. Mit diesen illegal erlangten Daten wird eine Kreditkartendublette hergestellt, die von den Betrügern zum größten Teil im europäischen Ausland aber auch weltweit eingesetzt werden.

Nicht zuletzt darf man allerdings nicht vergessen, dass die älteste bekannte Form des Nummerndiebstahls immer wieder vorkommt: ein Betrüger beobachtet einen Benutzer eines Bankomates und notiert sich dann einfach die Nummer. Diese Art des Nummernklaus beruht aber rein auf die Unachtsamkeit der einzelnen Person, d.h. dass diese Form des Diebstahls sehr leicht zu verhindern ist, da man sich ja „nur" die entsprechenden Vorsichtsmaßnahmen zu Herzen nehmen braucht (Sicherheitsabstände, auf eventuelle Beobachter acht nehmen, etc.).[5]

2.2 Datenklau

Kreditkartenlesegeräte in mehreren europäischen Ländern sind schon von vielen Verbrecherbanden aus einigen Ländern, unter anderem auch aus dem asiatischen Raum, aufwendig manipuliert worden. Vor allem in britischen Filialen der Lebensmittelketten Wal-Mart und Tesco wurden solche Geräte gefunden.

Mithilfe kleiner Zusatzplatinen sammeln die Geräte Daten von Kreditkarten und senden sie über eine kabellose Verbindung einmal pro Tag auf mehrere Server in die Länder, in denen sich die überaus gut organisierten Kartelle befinden. In Großbritannien beläuft sich der Schaden durch die Betrüger bereits auf 37 bis 75 Millionen Euro. Auch in Irland, Belgien, Holland, Dänemark und Deutschland sind bereits manipulierte Lesegeräte aufgetaucht.

Experten meinten, die Strategie dieses Kreditkartenbetrugs übertreffe alles bisher dagewesene. Der Betrug ist nur durch verdächtige Störgeräusche auf dem Mobiltelefon eines Wachmanns aufgeflogen, die anscheinend durch die Funkverbindung der „Wanze" aufgetreten sind. Damit das Muster der Datenübertragung schwieriger erkennbar ist, können die Kriminellen per Funk

---

[4] Ausspähen von Kreditkarteninformationen, dazu zählt auch das Anbringen von Zusatz-geräten an Bankautomaten (Tastatur, Kamera)
[5] vgl. Pfiffige Senioren (2010)

6

einstellen, welche Karten das Gerät ausspionieren soll. So speichert die Wanze beispielsweise nur jede zehnte Transaktion oder nur fünf Visa-Platinum Karten pro Tag und kann sogar vorübergehend abgeschaltet werden. Zudem benutzen die Kriminellen die gestohlenen Kreditkarten- und ID-Nummern erst frühestens zwei Monate nach der Spionage. Äußerlich lässt sich keine Abnormität an einem derartig manipulierten Gerät feststellen. Die sicherste Möglichkeit, ein Gerät mit der Zusatzplatine zu identifizieren, ist die Gewichtsmessung. Ein manipuliertes Gerät wiegt aufgrund der zusätzlich eingebauten Teile rund hundert Gramm mehr als ein herkömmliches Gerät. Teams von MasterCard International haben bereits hunderte Lesegeräte überprüft.

Wann die Verbrecherorganisationen die Geräte im Produktionsprozess manipuliert haben, ist bisher noch nicht geklärt. Die Wanzen wurden entweder in der Produktionsstätte in China oder kurz nach dem Ende der Produktionskette eingebaut.[6]

Eine Kuriosität besonderer Art stellt das kürzlich erschienene PC-Programm „CARDS" der Ulmer Firma S.A.D. dar. Das Cover der im Fachhandel erhältlichen CD-ROM wird von einer optisch leicht veränderten ec-Karte geschmückt, deren Magnetstreifen von den Scheren eines afrikanischen Skorpions bearbeitet wird. Als Begleittext zu dieser Darstellung finden sich die Untertitel „Sicherheitsrisiko in Theorie und Praxis" sowie „Die Wahrheit über Ihren magnetischen Freund". Die Rückseite der Verpackung klärt über den Verwendungszweck der Software auf: „Sie kontrollieren ob Ihre Kreditkarte gegen einfaches Kopieren und Vervielfältigen geschützt ist. Sollte dies nicht der Fall sein können Sie Ihre Bank oder Ihr Kreditinstitut anhand des CARDS-Ergebnisses eindeutig auf diesen Missstand hinweisen." Zur Untermauerung der Sicherheitsbedenken wird weiter erwähnt: „Einen Schreib- oder Kopierschutz konnten wir jedenfalls nirgends entdecken." Das Booklet in der CD-Verpackung verspricht auch illegale Optionen: „Theoretisch können Sie auch das Limit Ihrer Kreditkarte heraufsetzen, das Gültigkeitsdatum verändern oder den Nutzungszyklus so frisieren, dass Sie in kürzerer Zeit mehr Geld ausgeben können." Die neuesten Versionen dieser

---

[6] vgl. Silicon.de (2008)

Software ermöglichen es einem Benutzer eine exakte Kopie einer Kreditkarte herzustellen.[7]

2.3 Datenfälschung

Im Gegensatz zum Datendiebstahl (Datenklau) wird nicht einfach nur eine Kopie der Kreditkartendaten gemacht, sondern die Originaldaten auf einem fremden Computersystem können verändert werden. Dies kann z.B. die Veränderung von Zahlen bei Berechnungen oder bei Personaldaten sein.

Datenfälschungen bzw. Datenmanipulationen sind mindestens genauso gefährlich wie der eigentliche Datendiebstahl, da aufgrund der gefälschten Daten ein erheblicher Folgeschaden angerichtet werden kann. Eine Datenmanipulation ist oftmals sehr schwer festzustellen und zu verfolgen, besonders bei großen Datenbanken mit häufig wechselnden Daten. Berechnungen, die auf falschen Daten basieren, können erheblichen finanziellen Schaden bei Privatpersonen aber natürlich auch großen wirtschaftlichen Schaden in einem Unternehmen verursachen.

Schließlich muss natürlich auch noch das Vorenthalten von Leistungen erwähnt werden. Hierbei geht es einem Hacker darum, auf Kosten des Zieles (es kann sich sowohl um eine einzelne Person als auch ein Unternehmen handeln) verschiedene Leistungen zu beziehen. Diese Art von Angriff wird in Zukunft mit zunehmender Zahl von zu bezahlenden Angeboten im Internet wahrscheinlich weiter zunehmen.

Die Aussage, dass diese Art von Angriffen in Zukunft wahrscheinlich zunehmen würde, war nur etwa bis zum Jahr 2009 zutreffend, denn seither wurden die Sicherheitsvorkehrungen um einiges verbessert. Im Speziellen war die „Einführung" der digitalen Signaturen[8] ein entscheidender Faktor dafür, dass diese Form von Verbrechen sehr stark zurückgegangen ist. Durch die stark verbesserten digitalen Signaturen ergibt sich heutzutage doch einigermaßen die Sicherheit, dass die wesentlichen Eigenschaften der Unterschrift - Sicherstellung

---

[7] vgl. Gramberg (2008)
[8] Bei der digitalen Signatur oder der elektronischen Unterschrift handelt es sich um einen asymmetrischen elektronischen Schlüssel, der die Identität des Benutzers sicherstellt. Der Schlüssel wird mit dem privaten Schlüssel des Absenders verschlüsselt und vom Empfänger mit dem öffentlichen Schlüssel gelesen.

der Authentizität und Integrität - auch in der elektronischen Form zuverlässig gegeben sind.[9]

2.4 Kartenfälschung

Unter einer Kartenfälschung bzw. der sogenannten Totalfälschung versteht man, dass eine echte und dementsprechend auch gültige Kreditkarte dupliziert wird. Bei der Totalfälschung werden durch das Auslesen der Kreditkarteninformationen auf dem Magnetstreifen alle relevanten Kontoinformationen ausgelesen und dadurch ist es einem Kreditkartenfälscher dann auch möglich, eine exakte Kopie (Dublette) zu erstellen, indem die Daten auf einen entsprechenden Kartenrohling übertragen werden.

Das Ausspionieren der Kreditkartendaten kann durch das schon erwähnte Skimming erfolgen, indem der Magnetstreifen einer Karte z.B. an einem Geldautomaten (Bankomat) kopiert, die PIN ausspioniert und danach die Karte dupliziert wird.

Die überwiegend ausländischen Tätergruppen gehen sehr gut organisiert und in mehreren Stufen vor. Während sich die einen um die Beschaffung der Hardware bemühen, kümmern sich die anderen um die Anbringung der Lesegeräte und Kameras bei den Geldautomaten. Die Dritten werden mit den Duplikaten in das Ausland geschickt. Dort holen sie das Geld aus den Geldautomaten, um es an die Hintermänner weiterzugeben. Bis zur Abbuchung im Ausland vergehen oftmals nur wenige Stunden.

Aktuell wird das Skimming wie folgt durchgeführt: dieses Jahr wurden erstmals Fälle festgestellt, in denen die Täter die zur PIN-Ausspähung erforderlichen Minikameras innerhalb der um das Tastaturfeld angebrachten Sichtblenden eingebaut haben (eigentlich solle die Sichtschutzblende ein Ausspähen der PIN verhindern). Inzwischen hat sich die Technik der Kreditkartenbetrüger verfeinert und eine Minikamera zum Ausspähen der PIN ist überflüssig. Mit einer falschen Tastatur bzw. einer hauchdünnen Folie über der Originaltastatur wird die Eingabe der PIN über Sensoren abgegriffen und auf Chips gespeichert und zum Teil auch gleich per Funk an die Geldabheber ins Ausland versendet. Das Abmontieren der

---

[9] vgl. Ernst, S. (2004) S. 10 f.

Aufsätze und Auslesen der Daten entfällt (dabei handelt es sich um sehr dünne Tastaturen, die auf das Eingabefeld montiert werden, hier kann der Kunde sich nicht schützen).

Im Internet sind komplette Skimming-Sets, mit denen Geldautomaten präpariert werden, erhältlich. Je nach Ausführung, etwa mit GSM- oder Videofunktionen, kosten sie zwischen 1.500 und 10.000 US-Dollar.

Das Risiko für die Kartenfälscher ist im Vergleich zu anderen Betrugsformen relativ hoch, da die entsprechende Technik manuell angebracht werden muss, d.h. dass der oder die Täter beim Auf- bzw. Abbau der Technik am Geldautomatern überführt werden können.[10]

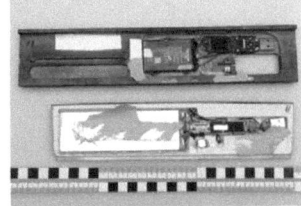

Abbildung 1 Bilder von links nach rechts: Kameraleiste mit eingebauter Minikamera von außen und innen (Bild Links und mitte), Professionell hergestelltes Vorsatzlesegerät (Quelle: Pfiffige Senioren 2010)

2.5 Kartenklau

Bei Kreditkartenbetrügern sind ganz besonders neue, noch nicht benutzte Kreditkarten sehr begehrt, da vom Täter keine Unterschrift nachgemacht werden muss. Zu neuen, noch ungebrauchten Kreditkarten und den jeweiligen PIN-Codes, kommt ein Betrüger indem er die Kreditkarten- und PIN-Sendung, die ja im Regelfall auch ganz normal mit der Post übermittelt wird, vor dem eigentlichen Empfänger in seinen Besitz bringt. Dies geschieht sogar oftmals dadurch, dass der Täter die Postsendungen aus dem Briefkasten entwendet. Danach kann der Kreditkartendieb solange Geld vom Konto des jeweiligen Opfers abheben, bis dieser entweder den Nichterhalt der Kreditkarte meldet oder die unrechtmäßigen Abbuchungen von seinem Konto bemerkt und meldet. Für diese

---

[10] vgl. Pfiffige Senioren (2010)

Art des Diebstahls kann man natürlich keine Zeitangabe machen, da es auf das Verhalten der jeweiligen Person ankommt.[11]

Natürlich werden auch gebrauchte Kreditkarten gestohlen. Der Nachteil für den Täter liegt aber eindeutig darin, dass er die Unterschrift des Opfers nachmachen muss und sich dadurch selbst in Gefahr bringen kann, wenn er die Kreditkarte z.B. bei der Bezahlung in einem Geschäft verwendet. Wenn derjenige, der die Kreditkarte annimmt, die Unterschrift auch wirklich kontrolliert, was ja eigentlich seine gesetzliche Pflicht wäre, dann sollte der Diebstahl aufgedeckt werden können. Außerdem könnte der Verlust durch das Opfer bereits gemeldet worden sein und die Karte dadurch klarerweise bereits unbrauchbar für den Kartendieb geworden sein. Aber bis zur Verlustmeldung durch den Karteninhaber könnte die Karte mit einer gefälschten Unterschrift missbräuchlich verwendet werden.[12]

2.6 Hacken

Unter Hacken versteht man das Ausspähen, die Verfälschung und Löschung von Daten und Eingriffe in fremde Computersysteme.

Das „Hacken" wird durch einen Computerspezialisten (einem Hacker[13]), der sich die Zugangsberechtigung zu einem fremden Rechnersystem verschafft, mithilfe eines Computers und dem Internet ausgeführt, um sich unrechtmäßig Zugang zu Datenbeständen von Banken, Firmen, Behörden, etc. zu verschaffen. Die Motivation für das Hacken ist vielfältig und reicht von Neugierde und Freude an der Herausforderung bis hin zu kriminellen Absichten.[14]

2.6.1 Kreditkartennummern selbst erstellen

Der deutsche Hacker Thomas Roth hat nach den Angaben von amerikanischen Behörden einen Sicherheitsalgorithmus der amerikanischen National Security Agency (NSA) mithilfe von Cloud-Computing entschlüsselt. Er nutzte geclusterte

---

[11] vgl. 123Recht (2008)
[12] vgl. ANuber (2010)
[13] Als Hacker wird ein Eindringling bezeichnet, der sich unrechtmäßig den Zugang zu einem Rechnersystem verschafft.
[14] Ernst, S. (2004) S. 10 f.

GPU-Instanzen, also das jüngste Angebot von Amazons Elastic Compute Cloud[15], um mit SHA1[16] verschlüsselte Passwörter zu dechiffrieren.

Mit dem gleichen bzw. ähnlichen Verfahren ist es den Hackern gelungen, den Algorithmus zur Berechnung von Kreditkartennummern zu knacken und das erlaubte den Tätern das Erstellen von neuen, gültigen Nummern.[17]

2.6.2 PIN-Nummern knacken

Forscher der University of Cambridge haben einen fundamentalen Fehler im EMV-Standard[18] gefunden, der zur Absicherung von Zahlungen mit Debit- und Kreditkarten verwendet wird. Er ermöglicht die Entwicklung von Geräten, die die Kommunikation zwischen einer Karte und einem Zahlungsterminal abfangen und verändern, um die Eingabe einer gültigen PIN-Nummer vorzutäuschen.

Professor Ross Anderson von der Cambridge University erklärte gegenüber ZDNet, die Absicherung per Chip und PIN sei künftig bedeutungslos. Er und seine Kollegen hätten Transaktionen durchgeführt, ohne eine korrekte PIN in ein Kartenlesegerät einzugeben. Der Test habe mit Kreditkarten von sechs unterschiedlichen Geldinstituten funktioniert, darunter Barclaycard, Bank of Scotland und HSBC. Der britische Fernsehsender BBC zeigt die von den Wissenschaftlern entdeckte Betrugsmethode in einem Video.

Der Fehler im EMV-Protokoll beruhe darauf, dass Karte und Terminal bei der Gültigkeitsprüfung mehrdeutige Daten erzeugten, die die Bank als gültig akzeptiere, so die Forscher. "Dadurch glaubt das Terminal, dass die korrekte PIN eingegeben wurde - und die Karte glaubt, dass die Zahlung mit einer Unterschrift autorisiert wurde", sagte Saar Drimer, einer der Forscher der Universität Cambridge, gegenüber der BBC.[19]

---

[15] Ist ein Webservice, das die Anpassung der Rechenkapazität in der Cloud ermöglicht. Mit diesem Service wird die Web-Skalierung der Rechenleistung für Entwickler einfacher.
[16] Dient zur Berechnung eines eindeutigen Prüfwerts für beliebige elektronische Daten.
[17] vgl. Viruslist.com (2010)
[18] Die Abkürzung steht für Europay - MasterCard – Visa. Durch EMV wurde die Sicherheit der Kartennutzung erhöht, da das Kernstück die Prüfung der Echtheit der Karte darstellt, d.h. es werden bei einer Transaktion Zertifikate abgefragt (statische und dynamische Kartenechtheitsprüfung), die die Echtheit der Karte bestätigen oder ablehnen.
[19] vgl. ZDNet (2010)

2.6.3 Phishing

Phishing wird immer beliebter, denn hiermit lassen sich quasi beliebige Daten erlangen. Der Betrüger braucht Bankdaten? Kein Problem, er setzt einige gefälschte Bankseiten auf, verschickt über sein Botnetz große Mengen Spam mit Links auf seine Phishing-Seite und muss nun quasi nur noch warten, bis die Daten der Leute, die auf seinen Betrug reingefallen sind, bei ihm eintreffen. Die Bandbreite an Daten ist hier quasi unerschöpflich. Gefragt ist alles, was sich zu Geld machen lässt – von Game-Accounts, Kreditkartendaten, Onlinebanking-Zugängen bis hin zum persönlichen Packstation-Zugang. Ebenso beliebt sind die Accounts zu Online-Wetten oder Online-Casinos. Diese missbrauchen Kriminelle oft, um dort den Weg des Geldes, das sie durch Betrug ergaunert haben, zu verschleiern.

Die Bandbreite der Verkaufswaren innerhalb der Underground Economy ist schier unendlich. Schaut man sich in den Szene-Foren um, so werden teilweise sogar geklaute MySpace- und auch Twitter-Accounts verkauft oder zumindest gegen ein anderes Kleinod getauscht. Die Betrüger sind daran interessiert, möglichst viele persönliche Daten über das Opfer zu erlangen. Damit können sie dann die Identität des Opfers übernehmen und für ihre Zwecke nutzen.

Wer also diese Dienste im Internet in Anspruch nimmt, sollte mit seinen Daten immer äußerst sorgfältig umgehen und genau prüfen, wo er seine Daten eingibt und über welche Wege er sie übermittelt. So sollten zum Beispiel beim User die Alarmglocken schellen, wenn er auf der angeblichen Online-Banking-Website seiner Bank direkt nach mehreren TANs gefragt wird oder keine Verschlüsselung der Daten stattfindet. Außerdem ist es ratsam, Links in E-Mails auch von anscheinend authentischen Absendern immer genau zu prüfen. Ein unbedachter Klick kann schnell auf eine Malware-Seite führen.[20]

2.6.4 Zugang zu einem Rechnersystem verschaffen

In den letzten Jahren ist der Angriff auf die Server und Datenbanken von Kreditkartenservern, Banken etc. ganz „groß in Mode" gekommen. Leider gelingt es den Hackern in letzter Zeit immer öfter sich Zugang zum Rechnersystem verschiedener Zahlungsdienstleister zu verschaffen. Dabei gehen die Täter immer

---

[20] vgl. Whitepaper (2009)

gefinkelter vor, d.h. sie hinterlassen immer öfter so gut wie keine Spuren mehr. Der Schaden, den sie dabei anrichten, ist enorm.

Nachfolgend werden die wichtigsten Möglichkeiten für den Zugang aufgezählt:[21]

- Trojanisches Pferd (Trojaner)
- Botnetz (Bots)
- AET Attacken (Erweiterte Evasionstechniken)

Im nachfolgenden Kapitel 3 werden diese drei Möglichkeiten für das Hacken eines Servers genauer behandelt.

3 Wie werden Kreditkarten-Server gehackt

3.1 Trojanisches Pferd (Trojaner)

Wenn man öfters im Internet surft und Dateien herunter lädt, sollte man gelegentlich den Rechner auf Trojaner überprüfen.

Zunehmend beliebter wird das Versenden von Trojanern und Würmern mit E-Mails. Viele Mailprogramme (z.B. Microsoft Outlook Express) ermöglichen das automatische Ausführen von Anlagen, die mit der E-Mail mit gesendet werden, sobald die Nachricht angezeigt wird. So können nicht nur Geburtstagsgrüße und lustige Animationen automatisch gestartet werden, sondern auch schädliche Programme.[22]

Trojaner werden oft als Programme bezeichnet, die vorgeben, etwas Nützliches oder Wünschenswertes zu tun (dies vielleicht auch wirklich machen), die jedoch gleichzeitig eine bestimmte Aktion ausführen, die vom Opfer nicht erwartet oder gewünscht wurde. Zu diesen Aktionen gehören beispielsweise das Ausspähen von Passworten oder die totale Zerstörung des Wirtssystems.

Eine besonders aggressive Form des Trojanischen Pferdes sind sogenannte Backdoor-Trojaner. Diese richten auf dem Wirtssystem Ports (Backdoors) ein,

---

[21] vgl. WikiHow (2010)
[22] vgl. Gaijin (2010)

durch die ein Hacker einfallen kann. Mit Hilfe von Backdoor-Trojanern kann der Hacker auf fremde Rechner zugreifen und hat dann die Fernkontrolle über praktisch alle Funktionen.

Ein trojanisches Pferd kann sich nur von einem System zum nächsten fortpflanzen, wenn der Benutzer dazu „überredet" werden kann, es zu übertragen.[23]

3.2 Botnetz (Bots)

Wie in den Jahren zuvor bedienten sich die Täter auch im Jahr 2010 bei der Tatausführung sogenannter „Bot-Netze", d. h. ferngesteuerter Netze zahlreicher, über einen Schadcode infizierter Computer, die ohne Wissen ihrer Besitzer gesteuert werden. Dies geschieht über sogenannte „Command- & Control-Server" (C&C-Server). Der physische Standort sowie die Identität der Straftäter sind dadurch praktisch nicht zu ermitteln.

Die Übermittlung des Schadcodes erfolgt analog zum Phishing. Einmal installiert, gibt diese Schadsoftware dem Täter einen nahezu vollständigen Zugriff auf den Computer des Opfers. Schätzungen gehen von weltweit mehr als 12 Millionen infizierten Computern aus, welche in verschiedenen „Bot-Netzen" verbunden sind. Die Anzahl der täglich in Deutschland eingesetzten, ferngesteuerten „Zombie-PCs" soll bei durchschnittlich 350.000, in Spitzenzeiten bei bis zu 700.000 liegen.

Die meisten dieser infizierten „Zombie-PCs" leiten aber nicht nur die persönlichen Daten des Besitzers an die Täter weiter, sondern dienen den Straftätern auch als Werkzeug für weitere Straftaten, z. B. zum weiteren Verteilen von Schadsoftware, zum massenhaften, anonymen Versand von Spam-Mails oder zum Angriff von Webseiten.

„Bot-Netze" und ihre Kapazitäten stellen nach wie vor eine weltweit lukrative Handelsware dar. Sogenannte „Herder" (Hirten) vermieten oder verleasen die Bots. Für Staat und Wirtschaft besonders gefährlich stellen sich sogenannte „DDoS-Attacken" dar. Dabei handelt es sich um einen gezielten Angriff auf die Server z. B. eines Unternehmens. Die Server werden mit einer Flut von Anfragen

---

[23] vgl. Defense (2010)

bombardiert; unter Umständen ist das System dann nicht mehr in der Lage, diese Flut zu bewältigen und bricht im schlimmsten Fall zusammen. Gerade im wettbewerbsintensiven Marktsegment Internet können Nichterreichbarkeiten von Vertriebsportalen zu schwerwiegenden wirtschaftlichen Nachteilen führen. In diesem Zusammenhang sind „Bot-Netze" auch als Infrastruktur für tradierte Kriminalitätsformen, wie z. B. Erpressungen, zu verstehen.[24]

3.3 AET Attacken (Erweiterte Evasionstechniken)

Stonesoft[25] gab die Entdeckung neuartiger, hoch entwickelter Evasion-Techniken (AET, Advanced Evasion Techniques) bekannt. AETs stellen eine weltweite und ernsthafte Bedrohung für bestehende Netzwerksicherheitssysteme dar. Stonesoft hat die Entdeckung bereits an CERT-FI[26] und ICSA Labs[27] gemeldet, welche die Bedrohung bestätigten.[28]

Hacker der Zukunft „arbeiten" sauber und sehr heimtückisch. Sie hinterlassen keine Spuren. Ihre Angriffe werden selbst von modernsten Sicherheitssystemen nicht erkannt. Eine solche neue Bedrohung für nahezu alle Computernetzwerke weltweit haben finnische Informatiker jetzt entdeckt. Sogenannte AET-Attacken überwinden mühelos fast alle bisherigen Sicherheitslösungen und erlauben es unter anderem Industriespionen, unbemerkt praktisch alle Arten von Firewalls zu durchdringen, als wären sie nicht da.

Die neue Methode bietet Cyber-Kriminellen einen Generalschlüssel, um etwa IT-Systeme von Unternehmen, Banken aber auch Privatpersonen anzugreifen und dort Daten auszuspähen. Die Attacken sind nahezu nicht zu erkennen und verschaffen den Angreifern so mehr Zeit für die Suche nach geeigneten

---

[24] vgl. Bundeslagebild (2009)
[25] Anbieter integrierter Lösungen für Netzwerk-Sicherheit und Business Continuity.
[26] Organisation oder ein spezielles Team von IT-Sicherheitsfachleuten, das bei der Lösung von konkreten IT-Sicherheitsvorfällen als koordinierende Instanz mitwirkt bzw. sich ganz allgemein mit Computersicherheit befasst, Warnungen vor Sicherheitslücken herausgibt und Lösungsansätze anbietet.
[27] Ein unabhängiger Geschäftsbereich von Cybertrust Inc., indem herstellerunabhängige Tests und Zertifizierungen von Sicherheitsprodukten durchgeführt werden.
[28] vgl. INFO-POINT-SECURITY (2010)

Sicherheitslücken innerhalb des angegriffenen Systems. Das Risiko, entdeckt und aufgehalten zu werden, ist äußerst gering.[29]

Verschiedene Anbieter von Sicherheitslösungen (unter anderem natürlich auch die Firma Stonesoft) und Interpol vermuten, dass organisierte Kriminelle AETs bereits seit einiger Zeit für Attacken einsetzen, aber durch die praktisch fast spurenlose Attacke wurde die neue Bedrohung erst im Sommer dieses Jahres entdeckt.

Nur sehr langsam gelingt es den zahlreichen Anbietern von Sicherheitslösungen ein geeignetes Mittel zur Bekämpfung dieser neuartigen Bedrohung zu finden. Die AET-Attacke ist derart komplex, dass die Unternehmen für Netzwerk-Sicherheit vor einer sehr großen Herausforderung stehen.[30]

4 Kreditkartenbetrug Allgemein

Der Kreditkartenbetrug ist ein sehr weites Betätigungsfeld für das organisierte Verbrechen (Kartelle). In Deutschland macht der Kreditkartenbetrug etwa zwei Drittel aller gemeldeten Fälle von Internetkriminalität aus. In Spanien gab es eine Reihe von Meldungen über Hacker, die mithilfe von Spyware[31] bei Internetbenutzern die Zugriffscodes für deren Online-Banking ausspähten. Die Grupo de Delincuencia Informatica[32] konnte auch mehrere Betrüger festnehmen, die über gekidnappte Computer und Bot-Netze gestohlene Software und Musikdateien vertrieben.[33]

Die Entwicklung der Underground Economy[34] in den letzten Jahren lässt sich an einem Beispiel festmachen: Wo früher Hacker damit geprahlt haben, dass sie

---

[29] vgl. Welt Online (2010)
[30] vgl. ITSecCity (2010)
[31] Eine Software die dazu benutzt wird, die Daten eines Computerbenutzers ohne seine Zustimmung bzw. Wissen an den Hersteller der Software oder sogar an Dritt-Personen zu senden, einem Computerbenutzer direkt Produkte anzubieten.
[32] Eine Spezialeinheit der Polizei in Spanien, die sich für die Bekämpfung der Internetkriminalität einsetzt.
[33] vgl. Troxler (2005)
[34] Eine allgemeingültige Definition ist kaum möglich, da unter dem Begriff (auch als Schattenwirtschaft bezeichnet) vielfältige wirtschaftliche Aktivitäten subsummiert werden.

sich mit gefälschten Daten einen kostenlosen Zugang zu einem der unzähligen Erotikangebote im Internet verschafft haben, so brüsten sie sich heute damit, wie viele Kreditkartendaten sie mit ihrem Trojaner oder einem Botnetz bereits gestohlen haben. Bemerkenswert ist, dass sich diese Daten nun in klingende Münze verwandeln lassen.

Dieser Tendenz folgend hat sich mit der Zeit eine Underground Economy entwickelt. Heute findet man dort alles, was es auch in einer „richtigen" Wirtschaftsumgebung gibt: Hersteller, Händler, Dienstleister, „Betrüger" und die Kunden. Sein Geld in dieser Schattenwelt zu verdienen ist für viele nur ein Sprungbrett in die organisierte Kriminalität, obwohl (oder weil?) man zu keinem Zeitpunkt persönlichen Kontakt mit den Leuten hat. Es zeigt sich ganz eindeutig, dass es sich hier um keine harmlose Minderheit handelt, sondern um organisierte Betrüger und Diebe.[35]

Laut der neuen Statistik des österreichischen Bundeskriminalamts steigen Internetdelikte in Österreich rasant an, während die Gesamtkriminalität im vergangenen Jahr um 9,5% abgenommen hat. Im Jahr 2009 wurden in Österreich insgesamt 22 Internetstraftaten (9 davon Kreditkartenbetrug) von der Staatsanwaltschaft zur Anzeige gebracht und in diesem Jahr waren es bereits 1.074 (473 davon Kreditkartenbetrug) Anzeigen (Stand vom Oktober 2010). Das bedeutet somit einen Gesamtanstieg von 4.900 Prozent!

Damit muss man leider sagen, dass die Welle der organisierten Form von Internetkriminalität auch Österreich erreicht hat.[36]

5 Strafgesetz im Internet

5.1 Allgemeine Erläuterungen

Die Internetkriminalität (bei Kreditkarten, Kreditkarten-Servern, Banken usw.) überschreitet die nationalen Grenzen eines Landes. Die Bestimmung des für den Strafprozess maßgeblichen Tatorts ist in all diesen Fällen oftmals sehr, sehr

---

[35] vgl. Whitepaper (2009)
[36] vgl. Quelle: Bundeskriminalamt der Republik Österreich (2010)

schwierig. Inhalte ausländischer Server können selbstverständlich auch im Inland abgerufen werden. Bei manchen Phänomenen stellt der Boom der Computer- und Internettechnologie Rechtsanwender wie Gesetzgeber vor erhebliche Probleme.

Der Gesetzgeber in den jeweiligen Ländern (mittlerweile versucht dies auch der Europäische Gerichtshof) versucht die festgestellten Lücken der Strafbarkeit zu schließen, die mit dem Aufkommen computergestützter Informations- und Kommunikationssysteme entstehen.

Dieses Kapitel soll nur die wichtigsten Strafgesetze aufzählen, die die häufigsten Verstöße im Cybercrime (natürlich inklusive des Kreditkartenbetrugs) darstellen.[37]

5.2 §202a Ausspähen von Daten

(1) Wer unbefugt sich oder einem anderen Zugang zu Daten, die nicht für ihn bestimmt und die gegen unberechtigten Zugang besonders gesichert sind, unter Überwindung der Zugangssicherung verschafft, wird mit Freiheitsstrafe bis zu drei Jahren oder mit Geldstrafe bestraft.

(2) Daten im Sinne des Absatzes 1 sind nur solche, die elektronisch, magnetisch oder sonst nicht unmittelbar wahrnehmbar gespeichert sind oder übermittelt werden.[38]

Beispiele für Straftaten sind: Skimming, Ausspähen mithilfe von Botnetz.

5.3 §202b Abfangen von Daten

Wer unbefugt sich oder einem anderen unter Anwendung von technischen Mitteln nicht für ihn bestimmte Daten (§ 202a Abs. 2) aus einer nichtöffentlichen Datenübermittlung oder aus der elektromagnetischen Abstrahlung einer Datenverarbeitungsanlage verschafft, wird mit Freiheitsstrafe bis zu zwei Jahren oder mit Geldstrafe bestraft, wenn die Tat nicht in anderen Vorschriften mit schwererer Strafe bedroht ist.[39]

---

[37] vgl. Walter, G. (2008) S. 5 ff.
[38] Strafgesetzbuch §202a (2010)
[39] Strafgesetzbuch §202b (2010)

Beispiele für Straftaten sind: Spionage mittels Trojaner, Spionage durch Malware, Ausspähen mithilfe von Botnetz.

5.4 §202c Vorbereiten des Ausspähens und Abfangens von Daten

(1) Wer eine Straftat nach § 202a oder § 202b vorbereitet, indem er

1. Passwörter oder sonstige Sicherungscodes, die den Zugang zu den Daten (§202a Abs. 2) ermöglichen, oder
2. Computerprogramme, deren Zweck die Begehung einer solchen Tat ist,

herstellt, sich oder einem anderen verschafft, verkauft, einem anderen überlässt, verbreitet oder sonst zugänglich macht, wird mit Freiheitsstrafe bis zu einem Jahr oder mit Geldstrafe bestraft.[40]

Beispiele für Straftaten sind wie bei §202a und 202b, aber „nur" die Vorbereitung dafür: Skimming, Spionage mittels Trojaner, Spionage durch Malware, Ausspähen mithilfe von Botnetz.

5.5 §263a Computerbetrug

(1) Wer in der Absicht, sich oder einem Dritten einen rechtswidrigen Vermögensvorteil zu verschaffen, das Vermögen eines anderen dadurch beschädigt, dass er das Ergebnis eines Datenverarbeitungsvorgangs durch unrichtige Gestaltung des Programms, durch Verwendung unrichtiger oder unvollständiger Daten, durch unbefugte Verwendung von Daten oder sonst durch unbefugte Einwirkung auf den Ablauf beeinflusst, wird mit Freiheitsstrafe bis zu fünf Jahren oder mit Geldstrafe bestraft.

(2) § 263 Abs. 2 bis 7 gilt entsprechend.

(3) Wer eine Straftat nach Absatz 1 vorbereitet, indem er Computerprogramme, deren Zweck die Begehung einer solchen Tat ist, herstellt, sich oder einem

---

[40] Strafgesetzbuch §202c (2010)

anderen verschafft, feilhält, verwahrt oder einem anderen überlässt, wird mit Freiheitsstrafe bis zu drei Jahren oder mit Geldstrafe bestraft.[41]

Ein typisches Beispiel für eine Straftat ist: Diebstahl einer Kreditkarte oder die Daten der Kreditkarte, um sich auf unberechtigte Art und Weise einen Vermögensvorteil zu verschaffen.

5.6 §266b Missbrauch von Scheck- und Kreditkarten

(1) Wer die ihm durch die Überlassung einer Scheckkarte oder einer Kreditkarte eingeräumte Möglichkeit, den Aussteller zu einer Zahlung zu veranlassen, missbraucht und diesen dadurch schädigt, wird mit Freiheitsstrafe bis zu drei Jahren oder mit Geldstrafe bestraft.[42]

Ein typisches Beispiel für eine Straftat ist wie bei §263a: Diebstahl einer Kreditkarte, oder die Daten der Kreditkarte, um sich auf unberechtigte Art und Weise einen Vermögensvorteil zu verschaffen. Entscheidend ist beim §266b allerdings die Form des Diebstahls.

5.7 §303a Datenveränderung

(1) Wer rechtswidrig Daten (§ 202a Abs. 2) löscht, unterdrückt, unbrauchbar macht oder verändert, wird mit Freiheitsstrafe bis zu zwei Jahren oder mit Geldstrafe bestraft.

(2) Der Versuch ist strafbar.

(3) Für die Vorbereitung einer Straftat nach Absatz 1 gilt § 202c entsprechend[43]

Ein gutes Beispiel für diesen Tatbestand ist: Ein Hacker verschafft sich (unberechtigt) Zugang zu einem Zahlungsdienstleister und verändert dort zu seinen Gunsten die Vermögenssituation (z.B. unberechtigte Überweisungen).

---

[41] Strafgesetzbuch §263a (2010)
[42] Strafgesetzbuch §266b (2010)
[43] Strafgesetzbuch §303a (2010)

5.8 §303b Computersabotage

(1) Wer eine Datenverarbeitung, die für einen anderen von wesentlicher Bedeutung ist, dadurch erheblich stört, dass er

1. Eine Tat nach §303a Abs. 1 begeht,
2. Daten (§202a Abs. 2) in der Absicht, einem anderen Nachteil zuzufügen, eingibt oder übermittelt oder
3. eine Datenverarbeitungsanlage oder einen Datenträger zerstört, beschädigt, unbrauchbar macht, beseitigt oder verändert,

wird mit Freiheitsstrafe bis zu drei Jahren oder mit Geldstrafe bestraft.

(2) Handelt es sich um eine Datenverarbeitung, die für einen fremden Betrieb, ein fremdes Unternehmen oder eine Behörde von wesentlicher Bedeutung ist, ist die Strafe Freiheitsstrafe bis zu fünf Jahren oder Geldstrafe.

(3) Der Versuch ist strafbar.

(4) In besonders schweren Fällen des Absatzes 2 ist die Strafe Freiheitsstrafe von sechs Monaten bis zu zehn Jahren. Ein besonders schwerer Fall liegt in der Regel vor, wenn der Täter

1. einen Vermögensverlust großen Ausmaßes herbeiführt,
2. gewerbsmäßig oder als Mitglied einer Bande handelt, die sich zur fortgesetzten Begehung von Computersabotage verbunden hat,
3. durch die Tat die Versorgung der Bevölkerung mit lebenswichtigen Gütern oder Dienstleistungen oder die Sicherheit der Bundesrepublik beeinträchtigt

(5) Für die Vorbereitung einer Straftat nach Absatz 1 gilt § 202c entsprechend.[44]

Beispiele für diese Art der Kriminalität: Angriffe auf ein Computersystem (z.B. durch Würmer und andere Arten von Viren), Datenblockade oder Zerstörung durch Bots (z.B. durch Ransomware, um für die Entschlüsselung Lösegeld zu erpressen)

---

[44] Strafgesetzbuch §303b (2010)

6 Fallbeispiele

6.1 Fallbeispiel 1 – Millionen Hack

Estland hat einen mutmaßlichen Computer-Hacker an die USA ausgeliefert. Für einen raffinierten Millionendiebstahl bei der Bank RBS WorldPay drohen dem Angeklagten in Amerika mehr als 20 Jahre Haft.

Estland hat einen mutmaßlichen Computer-Hacker an die USA ausgeliefert. Die Staatsanwaltschaft von Atlanta im US-Staat Georgia bestätigte die Inhaftierung des 26-jährigen Sergei Tsurikov. Er ist dort angeklagt, zusammen mit drei weiteren Verdächtigen einen der raffiniertesten und bestorganisierten Computer-Einbrüche geplant und geleitet zu haben. Eine Gruppe von Betrügern hatte dabei knapp zehn Millionen Dollar von der RBS WorldPay, einer Tochterfirma der Royal Bank of Scotland, erbeutet. Die Täter hatten die Verschlüsselung der PIN-Nummern für Debitkarten geknackt und sich außerdem Zugang zu den Rechnersystemen des Zahlungsdienstleisters verschafft. Helfer hoben gleichzeitig weltweit in 280 verschiedenen Städten Geld ab, so konnten sie das Auszahlungslimit der Karten auf teilweise bis zu 500.000 Dollar erhöhen und innerhalb von zwölf Stunden fast zehn Millionen Dollar von 44 Kartenkonten abräumen.

Dem 26-jährigen Tsurikov drohen bis zu 20 Jahre Haft in den USA. Mehrere Mitbeklagte sind in Estland bereits wegen Betrug verurteilt worden. Ein weiterer Verdächtiger sitzt in Russland in Haft, wird aber mangels eines Auslieferungsabkommens nicht an die USA überstellt. Für den Angeklagten liegt bislang noch kein rechtsgültiges Urteil vor.[45]

6.2 Fallbeispiel 2 – Persönliche Erfahrung

Das Abenteuer begann am Dienstag, den 14.September 2010: Um 14:08 wurde eine E-Mail von Visa-Service, in Persona von XY, an meine Frau versendet. In diesem E-Mail stand:

„Sehr geehrte Frau Oswald, aus Sicherheitsgründen mussten wir Ihre VISA-Karte vorübergehend deaktivieren. Bitte kontaktieren Sie uns in der Zeit von 08.00 Uhr bis

---

[45] vgl. RPOnline (2010)

16.00 Uhr (Mo-Fr) unter der Wiener Rufnummer XY damit wir den Sachverhalt mit Ihnen abklären können."

Noch am gleichen Tag nahmen wir Kontakt mit der VISA-Service-Stelle auf und ließen uns mitteilen, was vorgefallen war. Meiner Frau und mir wurde mitgeteilt, dass sich ein Hacker aus Irland Zugang mithilfe der noch sehr neuen und praktisch spurenlosen AET Attacke zum Rechnersystem der VISA Kundendatenbank verschafft (es wurden lt. Angabe von Frau XY Daten von etwa 1.500 VISA-Karten-Besitzern ausgeforscht bzw. Daten manipuliert) und dort unberechtigter Weise Abbuchungen vorgenommen hatte. Der Täter buchte im Abstand von einer Minute, unter Verwendung des gleichen Firmennamens in der Zeit von 02.01 Uhr bis 02.05 Uhr, fünfmal einen Betrag von 100 Euro ab.

Die Manipulation wurde durch ein internes Sicherheitssystem (verschiedene Prüfsummenverfahren lassen Zahlendreher und andere Fehler auf Kreditkarten-Abrechnungen sofort auffallen) sehr schnell erkannt.

Der verursachte Geldschaden wurde von Visa übernommen, da solche Schäden durch eine Versicherung abgedeckt werden.

Der Täter hinterließ lt. Angabe der VISA-Service-Stelle bei seinem Einbruch eine kleine Spur. Da er beim Ausforschen der Daten mit einem Trojaner, der ein Tracing-Tool beinhaltet hat, in Berührung kam, war es möglich, den Täter auszuforschen. Uns wurde des Weiteren mitgeteilt, dass natürlich nach der Zusammenfassung aller Fakten eine Anklage folgen wird.

7 Fazit

Aufgrund der rasanten Entwicklung des Internets und der damit verbundenen Gefahrenquellen müssen die E-Business-User durch Informationsoffensiven besser aufgeklärt werden. Das Gefährdungs- und Schadenspotential von Betrügern in der Informations– und Kommunikationskriminalität ist nicht nur unverändert hoch, sondern steigt in den letzten Jahren leider auch stetig an. Neben der Ausspähung von Zugangsdaten im Bereich des Onlinebankings und dem unbefugten Eindringen zu Rechnersystemen von Zahlungsdienstleistern und Banken werden weiterhin auch andere Teile von Online-Identitäten ausgespäht und illegal eingesetzt.

Allerdings gibt es auch positive Ansätze. So wird es beispielsweise für die Täter immer schwerer, die im Bereich des Phishings und Skimmings erlangten Kontozugangsdaten auch einzusetzen. Die Einführung der neuen Sicherheits-mechanismen sowie die Öffentlichkeitsarbeit in Form von Warnmeldungen vor Phishing und Skimming zeigen schon langsam Wirkung. Der Schutz der Informationsinfrastrukturen und damit von sensiblen Daten betrifft jeden von uns. Man sollte einmal darüber nachdenken, von welchen IT-Systemen jeder einzelne von uns, ein Unternehmen oder eine Behörde abhängig ist. Wenn man weiterüberlegt, was denn die Folge sein könnte, dass das eigene IT-System im Haushalt gestört wird, ich denke, wird man erkennen, wie sehr wir alle von der Informations- und Kommunikationstechnik abhängen – und wie sehr wir von unserer IT auch voneinander abhängig sind.

Das Risiko, einem Betrüger in die Falle zu tappen, kann man mit folgenden Punkten zumindest minimieren:

- man sollte bei der Geldabhebung die Umgebung im Auge behalten
- wichtig ist es auch, dass man auf umstehende Personen achtet, wenn man den PIN-Code am Bankautomaten oder beim Online-Shopping die Kreditkartendaten eingibt
- auffällige Änderungen bei Geldautomaten sofort melden bzw. hinterfragen
- auf gar keinen Fall soll man seine Kreditkarten- oder Kontodaten per E-Mail versenden
- sehr hilfreich ist es auch, dass man sich über die neuesten Betrugs-methoden auf dem Laufenden hält.

Literaturverzeichnis

123Recht (2008), frag-einen-anwalt.de, QNC GmbH, 01.08.2008. http://www.frag-einen-anwalt.de/forum_topic.asp?topic_id=43809&ccheck=1 (Zugriff am 12.12.2010)

ANuber (2010), ANuber Internet Finanzmagazin, Inh. Holm und Ute Evdokimoff, 2010. http://www.anuber.de/kreditkarte-pruefen.html (Zugriff am 29.11.2010)

Behörden Spiegel (2010), ProPress Verlagsgesellschaft mbH, (12.07.2010). http://www.behoerden-spiegel.de/Internet/sub/7aa/7aa10a54-8e3e-8921-a3b2-1717b988f2ee,,,aaaaaaaa-aaaa-aaaa-bbbb-000000000003&uMen=1f75009d-e07d-f011-4e64-494f59a5fb42&_ic_nopic=true.htm (Zugriff am 05.12.2010)

Bundeskriminalamt der Republik Österreich (2010), Bundesministerium für Inneres Abteilung I/5 (Öffentlichkeitsarbeit), 2010. http://www.bmi.gv.at/cms/BK/start.aspx (Zugriff am 29.11.2010)

Bundeslagebild (2009), Alexander Geschonneck, Bundeslagebild IuK-Kriminalität 2009, 22.05.2010. http://computer-forensik.org/2010/05/16/bundeslagebild-iuk-kriminalitat-2009/ (Zugriff am 07.12.2010)

Defense (2010), defense.at, Ing. Wolfgang Bartl, 12.09.2010. http://www.defense.at/was-ist-ein/q-t/trojaner.html (Zugriff am 08.12.2010)

Ernst, S. (2004): Hacker, Cracker und Computerviren. 1.Auflage, Verlag Dr. Otto Schmidt, Köln, 2004.

Gaijin (2010), Gaijin.at, Werner Rumpeltesz, 2003-2010. http://www.gaijin.at/mantrojan.php (Zugriff am 08.12.2010)

Gramberg (2008), Bernhard Gramberg, 19.09.2008. http://www.sv-gramberg.de/l_cards1.htm (Zugriff am 07.12.2010)

INFO-POINT-SECURITY (2010), Info-Point-Security GmbH, 18.10.2010. https://www.info-point-security.com/security-themen/verschluesselung/itemlist/tag/vpn.html (Zugriff am 08.12.2010)

ITSecCity (2010), ITSecCity.de, IT Security, Stonesoft: ma, 22.10.2010. http://www.itseccity.de/?url=/content/virenwarnung/sicherheitslecks/101022_vir_sic_sto nesoft.html (Zugriff am 02.12.2010)

Pfiffige Senioren (2010), Barbara John, 12.09.2010. http://www.pfiffige-senioren.de/geldautomatmanipulation.htm (Zugriff am 09.12.2010)

RPOnline (2010), RP Online GmbH, 10.08.2010. http://www.rp-online.de/panorama/ausland/justiz/Estland-liefert-Hacker-an-USA-aus_aid_892028.html (Zugriff am 27.11.2010)

Silicon.de (2008), CBS Interactive GmbH, Lutz Poessneck, 13.10.2008. http://www.silicon.de/technologie/sicherheit/0,39044013,39197443,00/manipulierte_kre ditkartenleser_funken_nach_asien.htm (Zugriff am 06.12.2010)

Strafgesetzbuch §202a (2010), dejure.org Rechtsinformationssysteme GmbH, 24.11.2010. http://dejure.org/gesetze/StGB/202a.html (Zugriff am 28.11.2010)

Strafgesetzbuch §202b (2010), dejure.org Rechtsinformationssysteme GmbH, 24.11.2010. http://dejure.org/gesetze/StGB/202b.html (Zugriff am 28.11.2010)

Strafgesetzbuch §202c (2010), dejure.org Rechtsinformationssysteme GmbH, 24.11.2010. http://dejure.org/gesetze/StGB/202c.html (Zugriff am 28.11.2010)

Strafgesetzbuch §263a (2010), dejure.org Rechtsinformationssysteme GmbH, 24.11.2010. http://dejure.org/gesetze/StGB/263a.html (Zugriff am 28.11.2010)

Strafgesetzbuch §266b (2010), dejure.org Rechtsinformationssysteme GmbH, 24.11.2010. http://dejure.org/gesetze/StGB/266a.html (Zugriff am 28.11.2010)

Strafgesetzbuch §303a (2010), dejure.org Rechtsinformationssysteme GmbH, 24.11.2010. http://dejure.org/gesetze/StGB/303a.html (Zugriff am 28.11.2010)

Strafgesetzbuch §303b (2010), dejure.org Rechtsinformationssysteme GmbH, 24.11.2010. http://dejure.org/gesetze/StGB/303b.html (Zugriff am 28.11.2010)

Troxler (2005), Tom's Hardware, Dr. sc. techn., Dipl. Ing. ETH Peter Troxler, 21.02.2005. http://www.tomshardware.de/virtuelle-kriminalitaet-in-europa-organisiertes-verbrechen,testberichte-1036-15.html (Zugriff am 11.12.2010)

Viruslist.com (2010), Kaspersky Labs GmbH, 19.11.2010. http://www.viruslist.com/de/news?id=201612921 (Zugriff am 12.12.2010)

Walter, G. (2008); Internetkriminalität – Eine Schattenseite der Globalisierung, Ludwigkirchplatz 3-4, Berlin, 2008.

Welt Online (2010), Axel-Springer AG, Welt Online, Jürgen Stüber, 19.10.2010. http://www.welt.de/wirtschaft/webwelt/article10389747/Neue-Hackertechnik-ueberlistet-jede-Firewall.html (Zugriff am 08.12.2010)

Whitepaper (2009), German Data Security Labs, Marc-Aurel Ester, Ralf Benzmüller, 2009. http://www.bochum.ihk.de/linebreak4/mod/netmedia_document/data/Underground_Economy_9_2009_DE.pdf (Zugriff am 28.11.2010)

WikiHow (2010), Benjamin Millard, Jack Herrick, Travis Derouin, 01.12.2010. http://translate.google.at/translate?hl=de&langpair=en%7Cde&u=http://www.wikihow.com/Hack (Zugriff am 01.12.2010)

ZDNet (2010), CBS Interactive GmbH, Tom Espiner, Stefan Beiersmann, 12.02.2010. http://www.zdnet.de/news/wirtschaft_investition_software_britische_forscher_knacken_kreditkartenpruefung_per_chip_und_pin_story-39001022-41527217-1.htm (Zugriff am 26.11.2010)